Aprendizaje basado en proyectos: la historia estadounidense

CONSIDEREMOS LAS DIFERENTES OPINIONES SOBRE

LA GUERRA DE INDEPENDENCIA DE ESTADOS UNIDOS

FLETCHER C. FINCH

TRADUCIDO POR ESTHER SARFATTI

PowerKiDS press

NEW YORK

Published in 2019 by The Rosen Publishing Group, Inc.
29 East 21st Street, New York, NY 10010

Translator: Esther Sarfatti
Editorial Director, Spanish: Nathalie Beullens-Maoui
Editor, Spanish: María Cristina Brusca
Editor, English: Therese Shea
Book Design: Rachel Rising

Photo Credits: Cover https://commons.wikimedia.org/wiki/File:Washington_Crossing_the_Delaware_by_Emanuel_Leutze,_MMA-NYC,_1851.jpg; cover, pp. 1, 3, 4, 5, 6, 7, 8, 9, 10, 11, 12, 14, 15, 16, 18, 20, 22, 23, 24, 25, 26, 28, 29, 30, 31, 32 (background) Lyubov_Nazarova/Shutterstock.com; pp. 4, 6, 8, 10, 12, 20, 24, 28 (insert) kontur-vid/Shutterstock.com; pp. 5, 9, 11, 13, 15, 19 Courtesy of the Library of Congress; p. 7 https://commons.wikimedia.org/wiki/File:Benjamin_Franklin_1767.jpg; p. 14 https://commons.wikimedia.org/wiki/File:Boston_Tea_Party-1973_issue-3c.jpg; p. 17 https://commons.wikimedia.org/wiki/File:Flickr_-_USCapitol_-_The_First_Continental_Congress,_1774.jpg; p. 21 https://commons.wikimedia.org/wiki/File:Philip_Dawe_(attributed),_The_Bostonians_Paying_the_Excise-man,_or_Tarring_and_Feathering_(1774).jpg; p. 22 https://commons.wikimedia.org/wiki/File:RossBetsy.jpg; p. 23 https://commons.wikimedia.org/wiki/File:Salomon,_Haym_(bust)_-_NARA_-_532941.jpg; p. 25 Louis S. Glanzman/National Geographic/Getty Images; p. 27 SuperStock/SuperStock/Getty Images; p. 29 https://commons.wikimedia.org/wiki/File:Soldiers_of_the_Continental_Army.gif; p. 30 https://commons.wikimedia.org/wiki/File:Surrender_of_Lord_Cornwallis.jpg.

Cataloging-in-Publication Data

Names: Finch, Fletcher C.
Title: Consideremos las diferentes opiniones sobre la guerra de Independencia de Estados Unidos / Fletcher C. Finch
Description: New York : PowerKids Press, 2019. | Series: Aprendizaje basado en proyectos: la historia estadounidense | Includes glossary and index.
Identifiers: LCCN ISBN ISBN 9781538333761 (pbk.) | ISBN 9781538333754 (library bound) | ISBN 9781538333778 (6 pack)
Subjects: LCSH: United States—History—Revolution, 1775–1783—Juvenile literature.
Classification: LCC E208.F56 2019 | DDC 973.3—dc23

Manufactured in the United States of America

CPSIA Compliance Information: Batch #CS18PK For further information contact Rosen Publishing, New York, New York at 1-800-237-9932.

CONTENIDO

DE TRECE COLONIAS A UNA NACIÓN

En los siglos XVII y XVIII, Inglaterra creó colonias en la parte este de Norteamérica. Estas colonias no formaban un solo grupo organizado. Eran colonias separadas, formadas por gente diferente en momentos diferentes. Aunque cada colonia tenía un Gobierno local, que decidía la mayor parte de las leyes, todas se consideraban parte de Inglaterra.

Con el paso del tiempo, las colonias comenzaron a acercarse y a cooperar unas con otras. Muchos colonos empezaron a pensar que Inglaterra, al otro lado del océano Atlántico, no debía tener tanto poder sobre ellos. Además, tampoco estaban de acuerdo con los impuestos que les cobraba Inglaterra y las leyes que establecía.

Consideremos opiniones diferentes

Según vayas leyendo acerca de las personas que participaron en la guerra de Independencia de Estados Unidos, piensa en las opiniones que tenían. Sus opiniones eran diferentes según el lugar en el que vivían, su papel en la sociedad, su trabajo y sus familias. Sus experiencias, la gente que conocían y las cosas que leían también ayudaron a formar sus opiniones. Examinar las raíces de las opiniones de la gente te ayudará a entender mejor las causas de la guerra de Independencia de Estados Unidos.

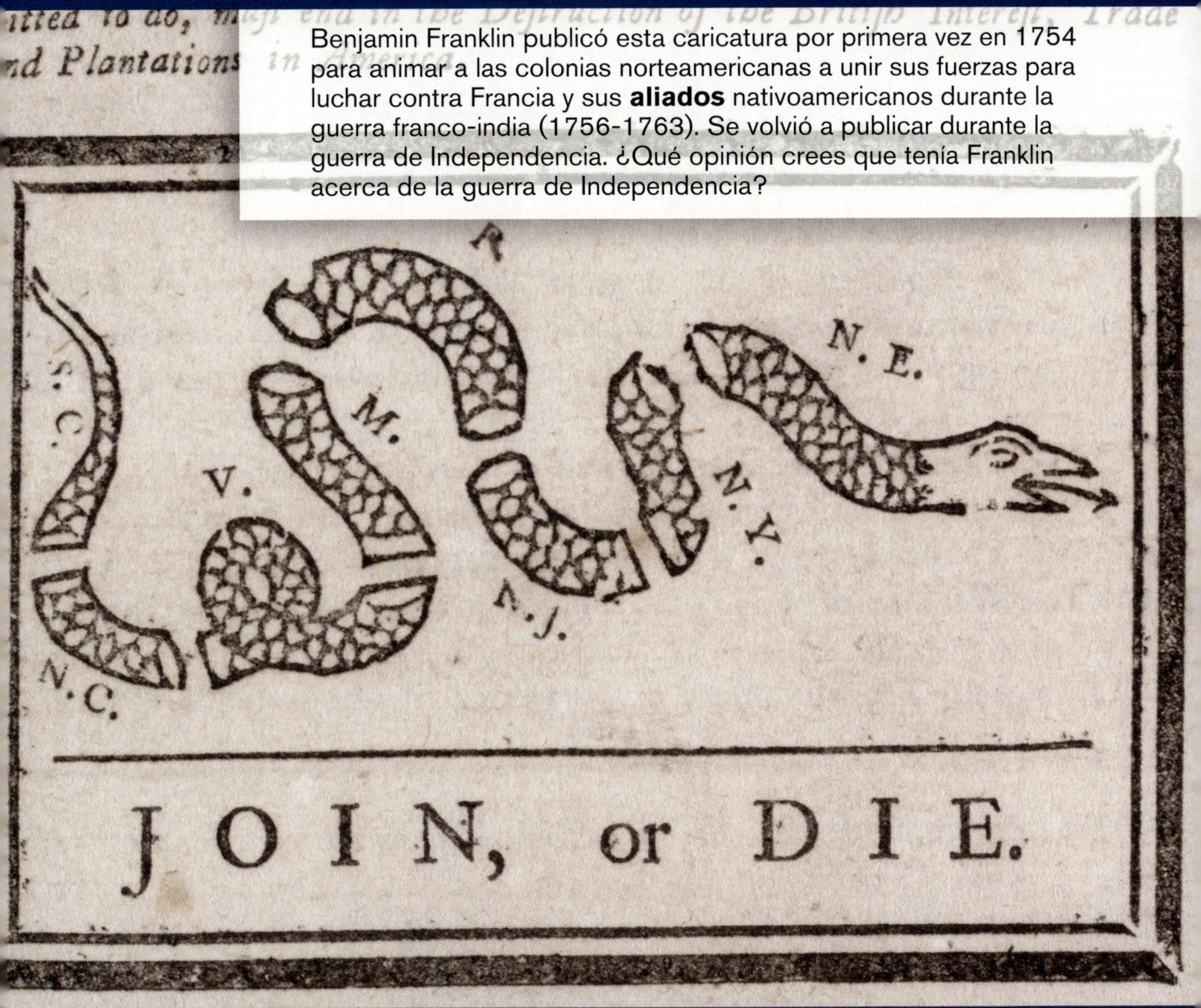

Benjamin Franklin publicó esta caricatura por primera vez en 1754 para animar a las colonias norteamericanas a unir sus fuerzas para luchar contra Francia y sus **aliados** nativoamericanos durante la guerra franco-india (1756-1763). Se volvió a publicar durante la guerra de Independencia. ¿Qué opinión crees que tenía Franklin acerca de la guerra de Independencia?

En 1775, comenzó una **revolución** cuando las 13 colonias se unieron para luchar contra los impuestos y las leyes de los británicos, y después, contra Inglaterra como país. Las colonias declararon su independencia de Inglaterra en 1776 y poco después se convirtieron en los Estados Unidos de América.

PATRIOTA, LEAL O NEUTRAL

Cuando comenzó la guerra de Independencia de Estados Unidos, la gente que vivía en las colonias pertenecía principalmente a tres grupos: los patriotas, los leales y los que eran neutrales o no apoyaban a ninguno de los dos grupos. Los patriotas creían que Inglaterra había sido injusta con las colonias y que los colonos debían luchar por sus propios derechos. Los leales se consideraban ciudadanos británicos y creían que la rebelión era un error. Otros no querían tomar parte en la lucha en absoluto.

Un prisionero leal

William Franklin era leal y ayudó a Inglaterra durante la guerra de Independencia de Estados Unidos. Los patriotas americanos lo encarcelaron en 1777. ¿Por qué era William Franklin tan leal a Inglaterra? Si ***investigas*** *su vida, comprenderás mejor por qué tenía las opiniones que tenía. Era gobernador real de Nueva Jersey, un puesto que le había asignado el rey. ¿Por qué crees que este hecho hizo que fuera leal al Gobierno británico?*

Benjamin Franklin (mostrado aquí) fue un patriota y padre fundador de nuestra nación. William Franklin fue el gobernador real de Nueva Jersey.

El bando que elegía cada uno dependía de su opinión de los eventos que tuvieron lugar antes de la guerra y durante los combates. Algunas personas tenían mucho que ganar o perder con la independencia. Los vecinos, e incluso las familias, estaban divididos por la revolución. Por ejemplo, Benjamin Franklin era un patriota muy conocido, mientras que su hijo William Franklin era leal.

NO HAY TRIBUTACIÓN SIN REPRESENTACIÓN

Durante la mayor parte del siglo XVII, el **Parlamento** británico no se ocupó demasiado de las colonias americanas. Pero, hacia finales de siglo, el Parlamento estableció algunas leyes de comercio. Su primer impuesto sobre las colonias se creó en 1733, sobre la melaza y el azúcar que venían de las Antillas francesas. Cuando terminó la guerra franco-india en 1763, el Gobierno británico necesitaba dinero para apoyar a su ejército en América, así que el Parlamento comenzó a pasar nuevos impuestos en las colonias.

La mejor forma de investigar

Cuando quieras saber por qué alguien tiene la opinión que tiene, ¡el mejor método de investigación *es preguntar a esa persona! Sin embargo, esto no es posible cuando se trata de gente que vivió durante la guerra de Independencia, como John Dickinson. Por suerte, Dickinson era escritor, y podemos conocer sus opiniones al leer lo que él mismo escribió. Sus escritos más famosos fueron sus* Cartas de un granjero de Pensilvania a los habitantes de las colonias británicas, *que aparecieron en varios periódicos de las colonias.*

A mediados del siglo XVIII, John Dickinson, uno de los padres fundadores de Estados Unidos, escribió que el Parlamento no tenía derecho a cobrar impuestos a las colonias y que solo podía crear reglas acerca del comercio. ¿Por qué apoyaba algunos derechos coloniales en lugar de exigir la independencia total?

Si tú fueras colono, ¿qué te parecería tener que pagar impuestos a Inglaterra?, ¿aceptarías los impuestos porque el ejército británico había defendido a las colonias en la guerra franco-india? ¿O te molestaría el hecho de que las colonias no tuvieran **representantes** en el Parlamento?

LA LEY DEL TIMBRE

En 1765, el Parlamento pasó la Ley del Timbre. Según esta ley, los colonos tenían que pagar impuestos sobre todo el papel impreso, incluyendo periódicos, carteles e incluso barajas de cartas. El símbolo del impuesto era un timbre o sello especial que aparecía en esos artículos.

Multitudes de personas, furiosas por el impuesto, atacaron a los empleados públicos que vendían los sellos. Los Gobiernos coloniales también protestaron, diciendo que este tipo de impuesto sin representación de las colonias en el Gobierno británico era injusto. El Parlamento revocó, o canceló, la Ley del Timbre, pero declaró que aún tenía el derecho de crear leyes e impuestos para las colonias.

Consideremos la fuente

Cuando investigas sobre la guerra de Independencia, las fuentes primarias son la forma perfecta de saber qué pasaba. Estos documentos, como el periódico de la página 11, se crearon durante el período que estás estudiando. Las fuentes primarias también incluyen obras de arte, cartas, discursos, fotos y cualquier otra cosa que nos ofrezca información directa sobre la época. Las fuentes que no fueron creadas por gente que vivía durante el período de tiempo en cuestión se llaman fuentes secundarias.

Muchos colonos obtenían las noticias de los periódicos. El dueño de este periódico escribió que la Ley del Timbre le iba a obligar a dejar de imprimir. ¿Cómo ayudaría este periódico a formar las opiniones de los lectores acerca de la Ley del Timbre?

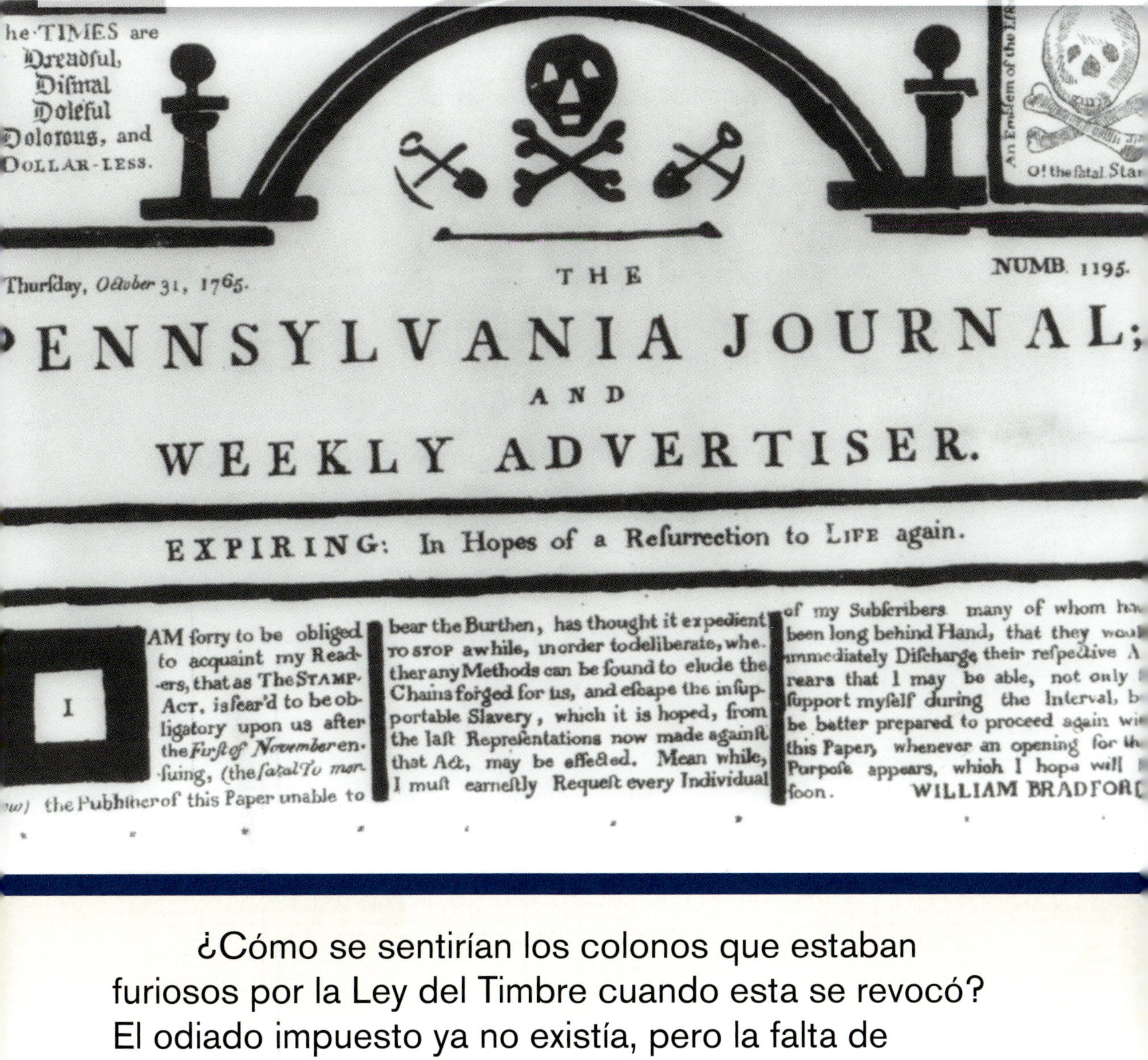
he TIMES are Dreadful, Dismal Doleful Dolorous, and DOLLAR-LESS.

of the STAMP

O! the fatal Sta

Thursday, October 31, 1765. THE NUMB. 1195.

PENNSYLVANIA JOURNAL; AND WEEKLY ADVERTISER.

EXPIRING: In Hopes of a Resurrection to LIFE again.

I AM sorry to be obliged to acquaint my Readers, that as The STAMP-ACT, is fear'd to be obligatory upon us after the First of November ensuing, (the fatal To-morrow) the Publisher of this Paper unable to bear the Burthen, has thought it expedient TO STOP awhile, in order to deliberate, whether any Methods can be found to elude the Chains forged for us, and escape the insupportable Slavery, which it is hoped, from the last Representations now made against that Act, may be effected. Mean while, I must earnestly Request every Individual of my Subscribers, many of whom have been long behind Hand, that they would immediately Discharge their respective Arrears, that I may be able, not only to support myself during the Interval, but be better prepared to proceed again with this Paper, whenever an opening for that Purpose appears, which I hope will be soon. WILLIAM BRADFORD

¿Cómo se sentirían los colonos que estaban furiosos por la Ley del Timbre cuando esta se revocó? El odiado impuesto ya no existía, pero la falta de representación no había cambiado.

PROTESTAS EN AMÉRICA

En 1767, el Parlamento empezó a pasar las Leyes Townshend, según las cuales las colonias tenían que pagar impuestos sobre el cristal, el plomo, la pintura y el té, cosas que solo podían comprarle a Inglaterra. Los colonos volvieron a enfurecer. La mayor parte de los impuestos fueron revocados más tarde, pero siguió habiendo un impuesto sobre el té. Debido al malestar y la violencia, Inglaterra había mandado soldados a Boston, Massachusetts, para mantener la paz.

El 5 de marzo de 1770, una multitud peleó con un grupo de soldados británicos en Boston. Los soldados dispararon sus armas y mataron a cinco personas. Los soldados decían que habían sido atacados. Según los patriotas, fueron los soldados los que causaron el problema. Este evento se llamaría la **Masacre** de Boston. ¿Crees que este nombre **influyó** en la opinión de la gente acerca del conflicto?

En busca de fuentes

El grabado de Paul Revere, en la página 13, es un ejemplo de fuente primaria. Revere vivió durante esta época y su trabajo nos revela su opinión sobre el evento. Muchas fuentes primarias relacionadas con la historia de Estados Unidos se pueden encontrar en los sitios de Internet del Gobierno. La Biblioteca del Congreso es la rama del Congreso que se dedica a la investigación. Su dirección de Internet es www.loc.gov. Allí puedes buscar tanto fuentes primarias como secundarias.

Esta imagen del patriota Paul Revere muestra a los soldados británicos disparando a la multitud en Boston. ¿Qué punto de vista muestra el artista? ¿De qué manera crees que esperaba influir en las opiniones de la gente?

LAS LEYES COACTIVAS

En 1773, como protesta por el impuesto de Inglaterra sobre el té, los patriotas de Boston lanzaron al mar un cargamento de té. Después de lo que se conoce como el Motín del Té de Boston, el Parlamento pasó las Leyes **Coactivas** (o Intolerables) en 1774. Como resultado de estas leyes, se cerró el puerto de Boston, se cambiaron a los funcionarios electos de Massachusetts por otros elegidos por Inglaterra y se obligó a las colonias a dar alojamiento a los soldados.

En 1973, el Servicio Postal de EE. UU. creó cuatro sellos de correo en honor al Motín del Té de Boston.

Los patriotas abordaron tres barcos y echaron 342 cajas de té a las aguas del puerto de Boston para protestar por el impuesto sobre el té. Utiliza las palabras de Frederick North que aparecen abajo para averiguar su opinión de lo que pasaría si no se castigara a Massachusetts por el Motín del Té de Boston.

El Parlamento esperaba que Massachusetts sirviera como ejemplo para que las colonias admitieran que era Inglaterra la que estaba al mando. Frederick North, el líder del Parlamento, dijo: “Los americanos han echado brea y plumas a vuestros **súbditos**, saqueado [robado] a vuestros comerciantes, quemado vuestros barcos, negado toda obediencia a vuestras leyes y autoridad... Debemos arriesgar algo; si no, todo se habrá acabado”.

EL PRIMER CONGRESO CONTINENTAL

Los líderes coloniales se quedaron alarmados por las Leyes Coactivas. En septiembre de 1774, doce colonias enviaron representantes a Filadelfia, Pensilvania, para el primer Congreso Continental. Juntos trabajaron para dar una respuesta a las acciones del Parlamento.

El Congreso Continental dijo que los colonos eran leales al rey, pero que las acciones del Parlamento eran "injustas y crueles, así como **inconstitucionales** y muy peligrosas y destructivas para los derechos americanos". ¿Por qué apoyaban los colonos una parte del Gobierno británico mientras se oponían a otra?

Las colonias acordaron suspender el comercio con Inglaterra a menos que el Parlamento revocara los impuestos y las leyes que "amenazaban con destruir las vidas, libertades y propiedades de los súbditos de Su Majestad en América del Norte". En lugar de comprar cosas de Inglaterra, el Congreso Continental animó a los colonos a hacerlas ellos mismos o vivir sin ellas.

Patrick Henry dijo en el primer Congreso Continental: "Las distinciones [diferencias] entre virginianos, pensilvanos, neoyorquinos y los de Nueva Inglaterra ya no existen. Yo no soy virginiano, soy americano". ¿Qué es lo que quería decir con esto?

ARGUMENTOS A FAVOR DE LA INDEPENDENCIA

El primer Congreso Continental pidió al rey Jorge III que usara su poder para cambiar las leyes, llamándose a sí mismos "los súbditos fieles de Su Majestad". Dijeron que la armonía entre Inglaterra y las colonias todavía se podía **restaurar**. Pero otros pensaban que las colonias tenían que separarse de Inglaterra.

El reverendo Jacob Green, de Hanover, Nueva Jersey, escribió que las colonias americanas necesitaban convertirse en un país independiente: "Con la independencia evitaremos la tiranía y la **opresión**. Si nos sometemos al Gobierno británico, estaremos siempre atiborrados [llenos] de gobernadores y otros cargos elegidos por la corona".

Green dijo que el comercio y la agricultura mejorarían con la independencia y que gente de todo el mundo que amaba la libertad vendría a América. ¿Por qué crees que la descripción de una América mejor podría cambiar la forma en la cual los colonos pensaban en Inglaterra?

La guerra comenzó el 19 de abril de 1775, en Lexington y Concord, Massachusetts, cuando los soldados británicos intentaron quitarles las armas a los colonos.

EL REY JORGE III

El rey Jorge III no respondió favorablemente al Congreso Continental. Cuando supo que los conflictos habían comenzado en Massachusetts, respondió con palabras duras. Llamó a los patriotas "personas malvadas y desesperadas" que violaban la ley y hacían daño al comercio. Dijo que los colonos americanos deberían recordar que el poder real los había protegido y apoyado, y que deberían serle fieles. El rey Jorge ordenó que el Gobierno y el ejército aplastaran la **rebelión**. Prometió castigar a los "traidores" y a cualquiera que los ayudara.

El lenguaje es importante

Cuando lees fuentes primarias, el lenguaje te da una buena pista acerca de las opiniones de los autores. Cuando el rey Jorge III llamó "traidores" a los colonos que luchaban contra él, es fácil entender su opinión de la revolución. Cuando estos mismos colonos se llamaban a sí mismos "patriotas", ya sabes que estaban a favor de la guerra y sus acciones. ¿Cómo habrá afectado a la opinión que tenían los patriotas del rey el hecho de que este los llamara "malvados"?

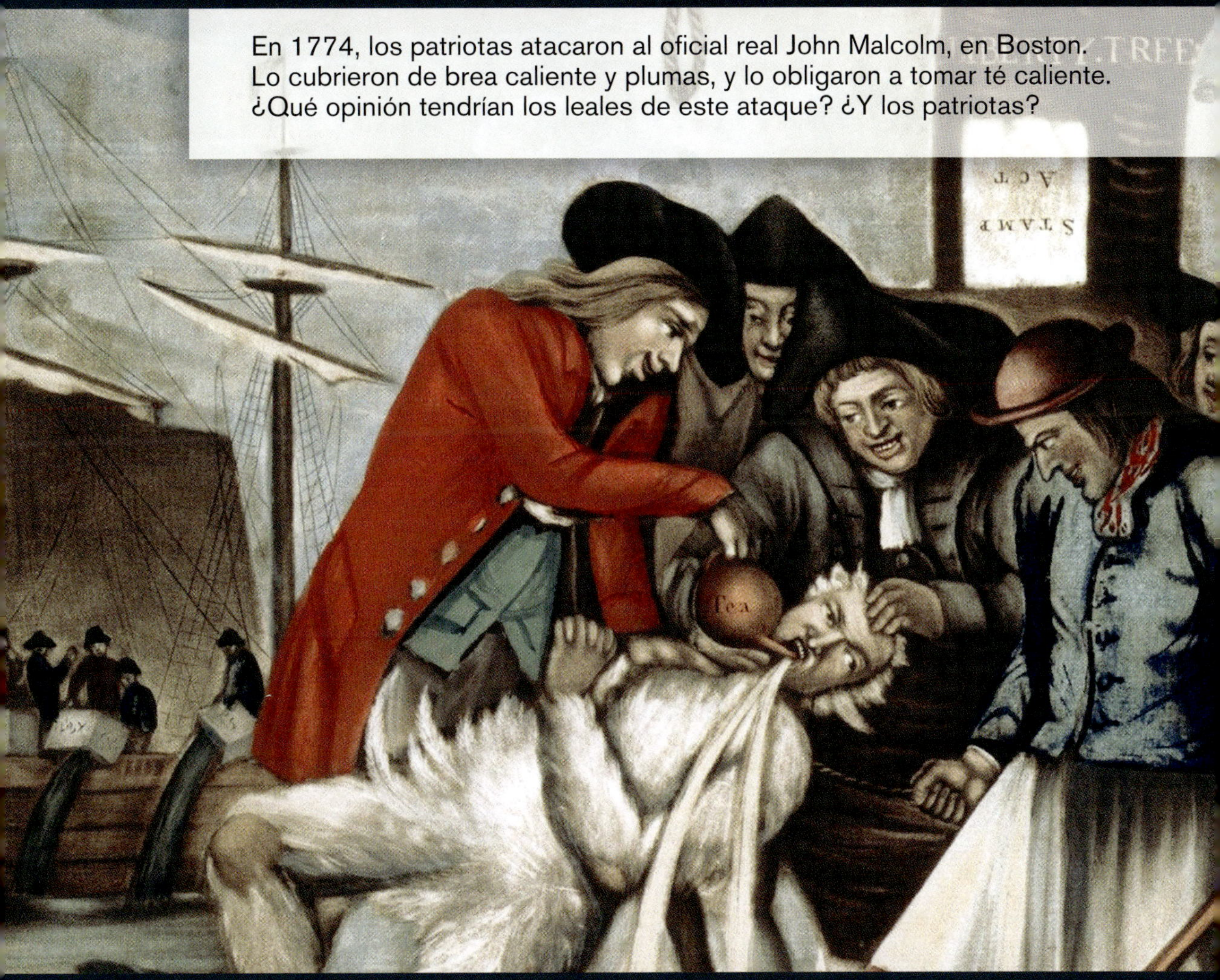

En 1774, los patriotas atacaron al oficial real John Malcolm, en Boston. Lo cubrieron de brea caliente y plumas, y lo obligaron a tomar té caliente. ¿Qué opinión tendrían los leales de este ataque? ¿Y los patriotas?

La revolución en las colonias americanas amenazaba el poder del Imperio británico y del rey Jorge III. Inglaterra acababa de salir de una guerra costosa y agotadora contra Francia. ¿Cómo puede haber influido esto en la forma de pensar de los líderes británicos acerca de la rebelión de los patriotas americanos?

LLAMAMIENTOS A LA PAZ

¿Cómo influyó la religión en la opinión de los colonos? Muchos cuáqueros se mantuvieron neutrales durante la guerra porque su religión y sus tradiciones se oponen a la violencia. Después del comienzo de la guerra, un grupo cuáquero se reunió en Filadelfia, Pensilvania, para hacer un llamamiento a la paz. Los cuáqueros advirtieron que los patriotas que querían separarse de Inglaterra "se estaban portando de una manera orgullosa y egoísta", y que luchar llevaría al "derramamiento de sangre inocente".

En esta pintura, de 1917, aparece Betsy Ross (segunda a la izquierda), presentando la bandera de EE. UU. a George Washington.

En la guerra participó gente de diferentes religiones. Haym Salomon era un patriota judío que fue capturado dos veces por los británicos. Se escapó y recaudó fondos para el Ejército Continental.

Había patriotas que no se fiaban de quienes eran neutrales. Obligaron a algunas tiendas cuáqueras a cerrar y rompieron las ventanas de algunas de sus casas. Incluso hubo cuáqueros que fueron detenidos. Pero también había otros que se unieron a la lucha contra Inglaterra. Entre ellos estaba Betsy Ross, a quien luego se le atribuyó (erróneamente) la creación de la bandera de Estados Unidos.

"ACUÉRDATE DE LAS SEÑORAS"

Abigail Adams escribía a menudo a su esposo, John Adams, cuando él estaba fuera representando a Massachusetts en el Congreso Continental. Ella esperaba el comienzo de un país mejor. Sin embargo, Abigail pensaba que separarse de Inglaterra no era suficiente. También dijo que el nuevo Gobierno americano tendría que proteger los derechos de las mujeres y darles representación.

"Deseo que te acuerdes de las señoras y que seas más favorable y generoso con ellas que tus antepasados", escribió a John en marzo de 1776. "No pongas tanto poder ilimitado en las manos de los esposos".

Más posibilidades para investigar

Además de los sitios de Internet del Gobierno, a menudo puedes encontrar fuentes de información fiables en los sitios de las universidades. En algunos de ellos, podrás encontrar cartas, obras de arte y documentos importantes del periodo revolucionario. Las copias y las imágenes se ponen en Internet para que la gente pueda estudiarlas. Muchas universidades y bibliotecas públicas también ofrecen excelentes fuentes de investigación, y los bibliotecarios ¡son expertos en saber dónde encontrar la información que buscas!

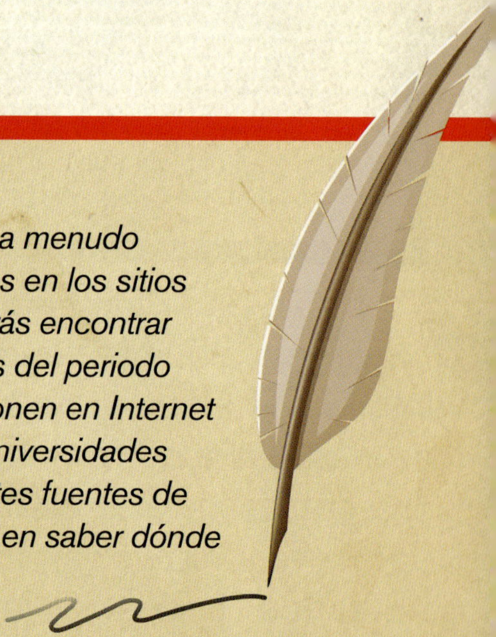

Deborah Sampson se disfrazó de hombre para unirse al Ejército Continental. Luchó con valor, pero tuvo que dejar el ejército cuando descubrieron que era mujer.

Investiga los derechos que tenían las mujeres de esa época y el papel que debían cumplir. ¿Cómo crees que estas condiciones influyeron en los pensamientos de Abigail acerca del Gobierno?

DIVISIÓN ENTRE LOS NATIVOS AMERICANOS

Antes de la guerra, los colonos luchaban a menudo con los nativos americanos por cuestiones de territorio. Cuando comenzó la guerra, tanto los británicos como los americanos ofrecieron protección para las tierras de los nativos americanos a cambio de la ayuda de sus naciones.

Los mohawks tomaron partido por los británicos. Thayendanegea, también llamado Joseph Brant, fue un líder de los mohawks. Viajó a Inglaterra y se reunió con el rey Jorge III, en 1776. "Los disturbios en América causan grandes problemas a todas nuestras naciones", dijo Thayendanegea después. Añadió que los mohawks "en todo momento han demostrado su fervor y lealtad al gran rey; sin embargo han sido muy maltratados por la gente de ese país". Pidió un trato justo por parte de Inglaterra. Otros nativos americanos lucharon junto a los patriotas. ¿Cómo decidirías entre los dos bandos si no pudieras fiarte de ninguno de los dos?

Los haudenosaunees, a veces llamados la Confederación Iroquesa, comprendían los pueblos mohawk, séneca, onondaga, oneida, cayuga y tuscarora. Trabajaron juntos durante años, pero se dividieron durante la guerra. En esta imagen aparece el líder mohawk Thayendanegea (Joseph Brant).

EN BUSCA DE LIBERTAD

En ambos bandos de la guerra de Independencia de Estados Unidos lucharon afroamericanos libres y esclavos. Los afroamericanos formaron parte de las fuerzas patriotas en las primeras batallas, y algunos recibieron honores por su valentía.

En 1775, el gobernador leal de Virginia, Lord Dunmore, ofreció la libertad a cualquier esclavo que luchara por los británicos. Al principio, George Washington no quería afroamericanos en el Ejército Continental. Sin embargo, según avanzó la guerra, los americanos también ofrecieron la libertad a los esclavos que quisieran luchar con ellos.

La opinión de los de fuera

Muchos líderes patriotas eran hombres cultos que tenían dinero y tierras. Algunos, como Thomas Jefferson, escribían y hablaban sobre la importancia de la libertad a pesar de ser dueños de esclavos. Investiga sobre el trato recibido después de la guerra por la gente que vivía en América pero que no tenía poder, como los esclavos, los nativoamericanos y las mujeres. ¿Cuál sería su opinión del nuevo gobierno a causa del trato recibido?

Un oficial francés hizo este dibujo de algunos miembros del Ejército Continental, entre ellos un soldado afroamericano. ¿Qué crees que esperaban conseguir los soldados afroamericanos al unirse al ejército?

Boyrereau Brinch era un esclavo de Connecticut que se unió al Ejército Continental. Aunque él mismo no era libre, luchó por la libertad de quienes lo habían esclavizado. "¡Ay! Pobre esclavo africano, liberar a hombres libres, mis tiranos", dijo. Después de la guerra, Brinch fue liberado.

PREGUNTAS DE AYER Y DE HOY

En el siglo XVIII, los colonos lucharon por decidir qué papel debía tener el Gobierno británico en sus vidas. Después de formar su propia nación, los padres fundadores siguieron discutiendo acerca de cómo dar forma a su nuevo Gobierno.

Incluso hoy, los estadounidenses tienen opiniones diferentes acerca del papel del Gobierno. Se hacen preguntas como las siguientes: ¿Cuál es la responsabilidad de un gobierno hacia su pueblo? ¿Quién debería hacer las leyes? ¿Cuándo es más importante la libertad que la seguridad?

Elige una de estas preguntas u otra que tú tengas acerca del papel del Gobierno. Investiga un poco para conocer opiniones reales del tema tanto durante la guerra de Independencia como hoy. Presenta tus respuestas (¡y tus propias opiniones!) de manera divertida y creativa.

El 19 de octubre de 1781, los soldados británicos en Yorktown, Virginia, se **rindieron** al Ejército Continental y sus aliados franceses, poniendo fin a la última gran batalla de la guerra.

GLOSARIO

aliado: país que apoya y ayuda a otro durante una guerra.

coactivo: que usa fuerza o amenazas para obligar a alguien a hacer algo.

inconstitucional: algo no permitido por una constitución, que es la ley más alta de un país o gobierno.

influir: afectar o cambiar algo de forma indirecta pero normalmente importante.

investigar: estudiar algo cuidadosamente.

masacre: matanza violenta de mucha gente.

opresión: ejercicio de autoridad o poder injusto o cruel.

Parlamento: cámara o asamblea británica donde se hacen las leyes.

rebelión: esfuerzo de mucha gente para cambiar el Gobierno o líder de un país a través de protestas o violencia.

rendirse: dejar de luchar y entregarse cuando sabes que no puedes ganar.

representante: miembro de una asamblea que hace leyes de parte de sus votantes.

restaurar: hacer que algo vuelva a su estado anterior.

revolución: intento, normalmente violento, de mucha gente para acabar con un gobierno y comenzar uno nuevo.

súbdito: alguien sujeto a una autoridad, como a la de un rey.

ÍNDICE

SITIOS DE INTERNET

Debido a la naturaleza cambiante de los enlaces de Internet, PowerKids Press ha creado una lista de sitios de internet relacionados con el tema de este libro. Este sitio se actualiza con regularidad. Por favor, utiliza este enlace para acceder a la lista:
www.powerkidslinks.com/pltam/cons